Inhaltsverzeichnis

Einführung in das Thema "Trauma"

Im Allgemeinen wird ein Trauma als eine psychologische, emotionale Reaktion auf ein Ereignis oder eine Erfahrung definiert, welche zutiefst belastend oder verstörend ist. Ein Trauma kann schlimme Ursachen haben, zum Beispiel einen Unfall, eine Krankheit oder Verletzung, den Verlust eines geliebten Menschen oder eine Scheidung. Allerdings können die Ursachen auch schlimmer sein und schwerwiegende Erfahrungen wie Vergewaltigung oder Folter miteinschließen. Da Ereignisse subjektiv betrachtet und erfahren werden, ist diese weit gefasste Trauma-Definition eher eine Richtlinie.

Jeder Mensch verarbeitet ein traumatisches Ereignis individuell, weil unsere Erziehung und unser bisheriger Lebensweg von Mensch zu Mensch unterschiedlich sind. Zum Beispiel: Eine Person könnte verärgert und ängstlich sein, nachdem sie eine Überschwemmung miterlebt hat. Eine andere Person hat aber vielleicht durch diese Überschwemmung Familienmitglieder verloren. In diesem Fall ist die Überschwemmung ein schwerwiegendes, traumatisches Erlebnis.

Da die Symptome eines Traumas viele unterschiedliche Erscheinungsformen aufweisen, hat die Psychologie Kategorien entwickelt, um zwischen verschiedenen Arten von Traumata zu unterscheiden.

Dazu gehören Traumata, die durch ein einmaliges lebensbedrohliches Erlebnis entstehen, oder komplexen, immer wiederkehrende Traumata. Wenn die Schockerlebnisse nicht verarbeitet werden können, entstehen daraus posttraumatische Belastungsstörungen (PTBS).

PTBS und ihre Auswirkungen auf das Alltagsleben einschließlich Neuropsychologie

Die Posttraumatische Belastungsstörung wird als eine Störung des emotionalen Gedächtnisses betrachtet, welche Anomalien in der Gehirnfunktion auslöst, wenn eine Person einem oder mehreren traumatischen Ereignissen ausgesetzt ist, wie zum Beispiel:
Extremer Stress, sexuelle Übergriffe, Terrorismus oder andere lebensbedrohliche Situationen. Traumata können ebenfalls entstehen durch militärische Kämpfe, gewalttätige, persönliche Übergriffe (sexuelle Übergriffe, körperliche Übergriffe, Raub, Überfälle), Entführungen, Geiselnahmen, Terroranschläge, Folter, Inhaftierungen als Kriegsgefangene, Naturkatastrophen, schwere Unfälle oder die Diagnose einer lebensbedrohlichen Krankheit
Eine Überschwemmung zum Beispiel, kann zum Verlust des gewohnten Lebensraums, Verletzungen sowie persönlichen und finanziellen Verlusten führen. Belastungen dieser Art, können zu einer posttraumatischen Belastungsstörung führen.

Ein Beispiel:
Das Oderhochwasser von 1997 hatte 114 Todesopfer in Polen und Tschechien zur Folge. Das Hochwasser zerstörte Häuser und führte dazu, dass viele Bürger wochenlang nicht in Ihre Häuser zurückkehren konnten. Für Menschen, die psychischen Belastungen in einem derartigen Ausmaß ausgesetzt waren, sind psychische Auswirkungen sehr wahrscheinlich – speziell bei Frauen und Kindern führen Erlebnisse dieser Art häufig zu posttraumatischen Belastungsstörungen (PTBS). Die frühzeitige Diagnose psychischer Probleme von Kindern ist in Hinblick auf die Zukunft derer Leben sehr wichtig – insbesondere, weil sie einen großen Teil der Weltbevölkerung ausmacht und in Zukunft unserer Gesellschaft gestalten.

Ca. 20 Prozent aller Menschen, die einem signifikanten traumatischen Ereignis ausgesetzt waren, entwickeln PTBS – das Risiko für Kinder liegt noch höher. Bei weiblichen Opfern häuslicher Gewalt wird meist eine PTBS diagnostiziert.

Frauen, die sexuelle Gewalt in ihrer Beziehung erlebt haben, erkranken mit 71 prozentiger Wahrscheinlichkeit an PTBS.

Laut einer aktuellen Studie durch eine anonyme Befragung ist jede 4 Frau und jeder 6 Mann bis zur Pubertät im deutschsprachigen Raum von einem sexuellen Übergriff betroffen!

Für Frauen, die Gewalt in der Partnerschaft erlebt haben, liegt die Wahrscheinlichkeit zwischen 31% und 84%.

Emotionale Folgen nach Verkehrsunfällen werden als beträchtlich eingeschätzt. Entweder durch beobachten eines traumatischen Geschehens oder durch das persönliche Erleben dieses Vorfalls, kann das Erlebte zu einer posttraumatischen Belastungsstörung (PTBS) führen.

Laut physiologischer Untersuchungen haben Patienten mit posttraumatischer Belastungsstörung (PTBS) einen niedrigen Cortisolspiegel Niedrige Cortisolwerte können Schwäche, Müdigkeit und niedrigen Blutdruck verursachen. Sie können auch Symptome verursachen wie geschädigte Nebennieren durch starken Stress, plötzlicher Schwindel, Erbrechen und sogar Bewusstseinsverlust.

In der Literatur wurde ausführlich darüber diskutiert, ob eine leichte traumatische Hirnverletzung (LTHV) einen starken Einfluss auf die Entwicklung von PTBS hat. Studienergebnisse zeigen, dass LTHV-Patienten anfälliger für PTBS sind als allgemeine Trauma-Patienten ohne LTHV.

PTBS wird als die vierthäufigste psychiatrische Diagnose angesehen und betrifft 10% aller Männer und 18% aller Frauen weltweit.

Eine Posttraumatische Belastungsstörung (PTBS) ist eine komplexe Angststörung die auch mit genetischen Ursachen zusammenhängen kann.

Zu den kognitiven Beschwerden gehören Sprachprobleme, vermindertes Kurzzeitgedächtnis sowie Probleme mit der Rechtschreibung, Grammatik und der richtige Umgang mit Zahlen.

Darüber hinaus ist bei PTBS-Patienten ein erhöhtes Risiko für unterschiedliche psychische Störungen wie Depression, Angstzustände, Drogenmissbrauch, Persönlichkeitsstörungen, etc. festzustellen.

Die Posttraumatische Belastungsstörung (PTBS-Syndrom) wird von Veränderungen im autonomen Nervensystem begleitet. Das Autonome Nervensystem reguliert den Herzschlag, die Atmung, den Blutdruck, die Verdauung, den Stoffwechsel, die Sexualorgane, die Schweißabsonderung und die Augenmuskulatur. Wir bekommen etwas von der Arbeit des Autonomen Nervensystems mit, wenn wir starke Gefühle, etwa Ärger oder Angst verspüren. Parameter der Herzfrequenzvariabilität (HRV) bewerten das Gleichgewicht zwischen sympathischen und parasympathischen Einflüssen auf die Herzfrequenz. Sympathikus und Parasympathikus sind Teil des autonomen Nervensystems. Während der Sympathikus den Organismus auf eine Aktivitätssteigerung („fight or flight") einstellt, überwiegt der Parasympathikus in Ruhe- und Regenerationsphasen („rest and digest)".

Das Ergebnis einer HRV-Messung ist ein aussagekräftiger psychophysiologischer Marker für PTBS.

Die wichtigsten Behandlungsmethoden für PTBS sind Psychotherapie und Medikamente. Psychotherapie wird oft zur Behandlung von emotionalen Problemen und psychischen Erkrankungen eingesetzt. Um die höchste Effizienz der Behandlung zu erzielen, werden häufig Psychotherapie und Medikamente während der PTBS-Therapie kombiniert.

Personen, die unter traumatischem Stress leiden können dissoziative Symptome entwickeln. Man unterscheidet verschiedene Erscheinungsformen und Schweregraden:

- Amnesie: keinen Zugang mehr zu Erinnerungen haben
- Sich fremd in der Welt, oder „wie in Watte gepackt" fühlen
- „Neben sich stehen"
- Einen „Filmriss" haben, keine Erinnerungen an eine bestimmte Zeit haben

- einfache Posttraumatische Belastungsstörung
- Komplexe PTBS
- Entwicklungstrauma

Eine Dissoziation ist eng verwandt mit einem Trancezustand.

Therapieformen die nachweislich wirken sind zum Beispiel EMDR (Desensibilisierung und Verarbeitung durch Augenbewegung oder abwechselnder Berührung der linken und rechten Körperhälfte) und die Comprehensive-Ressourcen-Model-Therapie

Das Trauma-Behandlungsmodell (CRM) bietet einen sicheren und praktikablen Ansatz, um einige extrem schwierige Erscheinungsformen zu behandeln.

Soziale Interaktionen, das heißt, mit dem Schrecken nicht alleine gelassen zu werden, tragen wesentlich zur emotionalen Regulierung bei und fördern damit die Widerstandsfähigkeit gegenüber psychopathologischen Zuständen und Krankheiten. Insbesondere soll die soziale Unterstützung die Entwicklung und das Leiden der posttraumatischen Belastungsstörung (PTBS) abfedern.

Kriegsveteranen waren enormen Belastungen durch Gewalt und Tod ausgesetzt und leiden dadurch oft an psychischen Störungen. Im Krieg erlebten Soldaten Traumata wie Naturkatastrophen, Feuer, Explosionen, schwere Unfälle aller Art, waren giftigen Substanzen ausgesetzt, Waffengewalt, sexuelle Übergriffe, Kampf, Gefangenschaft, lebensbedrohliche Verletzungen/Krankheiten, schweres menschliches Leid, Mord, plötzlicher unerwarteter Tod eine Menschen, schwere Verletzungen einer anderen Person sowie weitere extreme Stresssituationen.

Zurückkehrende Soldaten stehen häufig vor vielseitigen Herausforderungen wie posttraumatischen Belastungsstörungen, traumatischen Hirnverletzungen und Medikamentenabhängigkeit.

Unbehandelt, kann eine PTBS jahrelang anhalten und zu einer Reihe von Problemen führen, einschließlich Drogenmissbrauch, Arbeitsplatzverlust und Selbstmord.

Es gibt Hinweise darauf, dass PTBS sowohl in der Primärversorgung als auch in der psychiatrischen Ambulanz nicht immer richtig diagnostiziert wird.

Aufgrund der ähnlichen Symptomatik des posttraumatischen Stresssyndroms (PTSD) und anderer psychischer Erkrankungen kommt es nicht selten zu Fehldiagnosen. Weitere Gründe für Fehldiagnosen sind unter anderem die Einstellung der Patienten zum Trauma und die Unterdrückung traumatischer Erfahrungen.

Darüber hinaus sind Menschen mit PTBS anfälliger für andere psychischen Erkrankungen, eine schlechte körperliche Gesundheit, ein hohes Maß an somatischen Symptomen und beanspruchen dadurch verstärkt die medizinische Grundversorgung.

Haustiere können zur Steigerung der physischen und psychischen Gesundheit ihrer Besitzer führen, da zum Beispiel Hunde ihre Herrchen mehr unter Menschen bringen und so soziale Kontakte gefördert werden. Dies fördert die Behandlung einer Person mit PTBS.

Psychoedukation (Wissen über die psychische Dynamik und Auswirkungen einer Traumatisierung) fördert die Selbstfürsorge der Betroffenen bei einer posttraumatischen Belastungsstörung. Im nachfolgenden Link ist ein Selbsttest, ob Sie an einer PTBS leiden. Er ist einfach zu handhaben und steht der Öffentlichkeit kostenlos zur Verfügung. https://www.klinik-friedenweiler.de/online-selbsttests/ptbs-selbsttest/

Psychologische Vorteile des Schreibens

Können Sie sich erinnern, wann Sie das letzte Mal etwas geschrieben haben? Von WhatsApp-Texten und Facebook-Posts abgesehen. Schreiben ist eine der befreiendsten Erfahrungen, die man machen kann. Es ist eine ausgezeichnete Möglichkeit, Ihre Gedanken festzuhalten und vielleicht sogar Ihre Ideen zu verbreiten.

Regelmäßiges Schreiben kann eine Vielzahl von psychologischen Vorteilen bieten. Zum Beispiel die Förderung der Kommunikation.
Im Zeitalter von Social Media und Instant Messaging nimmt unser persönlicher Wortschatz ständig ab. Meist wird mittels Abkürzungen und Emojis kommuniziert. Tatsächlich ist dies so weit verbreitet, dass die Menschen in Großbritannien sogar annehmen, Emojis seien die am schnellsten wachsende „Sprache".

Sie sehen dies vielleicht nicht als ein Problem, das Ihre Aufmerksamkeit benötigt, während Sie einem Freund schreiben - aber was ist mit Situationen in der realen Welt, die echte Kommunikationsfähigkeiten erfordern?

Wie würden Sie sich fühlen, wenn Sie bei einem Meeting nicht die richtigen Worte finden oder nicht den richtige Art für die Präsentation Ihrer Ideen wählen? „Schreiben" kann hier Ihre Rettung sein.
egelmäßiges Schreiben hat sich als sehr effektiv erwiesen, um Menschen bei der Verbesserung ihrer Kommunikationsfähigkeiten zu unterstützen.
Auch komplexe Ideen der Mathematik und der Naturwissenschaften können besser von Personen vermittelt werden, die regelmäßig schreiben.

Stimmung

Wenn wir über die Wirkung des Schreibens auf unsere Stimmung sprechen, glauben die Menschen, dass nur ausdrucksstarkes Schreiben dabei helfen kann. Sie müssen jedoch nicht in die Berge gehen, Ihre Einsamkeit feiern und Shakespeare-Prosa vortragen, um eine höhere Konzentration zu erleben. Auch einfache Dinge wie das Schreiben in einer Zeitschrift, einem Blog oder einem Reiseführer können sich positiv auf Ihre Stimmung auswirken.

Die Forschung hat gezeigt, dass das Schreiben über Lebensziele Ihnen helfen kann, sich glücklicher und gesünder zu fühlen.

Eine andere Studie zeigte, dass Menschen mit stressigen Jobs, die über Ihre Erfahrungen schrieben eine deutliche Zunahme Ihrer Produktivität wahrnehmen konnten.

Auch Bloggen kann einen positiven Effekt auf unser Leben haben.

Tatsächlich hilft das Schreiben auch, die negativen Auswirkungen von Stress und Depressionen zu lindern.

Lernen

Es wurde oft betont, dass das Schreiben mit der Hand zu verbesserter Lernfähigkeit führen kann. Dies wurde schon immer als Tatsache anerkannt und daher werden die Schüler ermutigt, sich Notizen mit Stift und Papier zu machen.

Der physische Akt des Schreibens sendet Signale von Ihren Händen an Ihr Gehirn und baut Ihre motorischen Fähigkeiten aus.

ie geistige Anstrengung und die Zeit zum Schreiben helfen auch bei der Verbesserung des Gedächtnisses.

Tatsächlich unterstützt Sie das Schreiben auch dabei, auf Ihren vorherigen Gedanken aufzubauen.

Hat man erst einmal den ersten Schritt gemacht, kann das Schreiben so aufbauend und erfüllend sein, dass man gar nicht mehr damit aufhören möchte – man entwickelt Routine:

Infolgedessen werden Absätze zu Essays oder sogar Büchern.

Gehirnleistung

Regelmäßiges Schreiben ist wie ein Training für das Gehirn. Der physische Akt des Schreibens hilft Ihren motorischen Fähigkeiten, Ihrem Gedächtnis und vieles mehr.

Laut Virginia Berninger, Professorin für Pädagogische Psychologie an der University of Washington, aktivieren die Schreibbewegungen der Finger verschiedene Gehirnregionen, die am Denken, der Sprache und dem Arbeitsgedächtnisprozess beteiligt sind. Ebenfalls wird das Gehirn zur Speicherung und Verwaltung von Informationen stimuliert, wie im Wall Street Journal berichtet wurde. Es wird gesagt, dass Schreiben eine kognitive Übung für alternde Menschen ist, die ihren Geist aktiv halten wollen.

Darüber hinaus fördert das Schreiben die Konzentrations- und Entscheidungsfähigkeit.

Schreiben und Genießen

Ein großer Teil der Forschung über das Schreiben und Glück beschäftigt sich mit "expressivem Schreiben" oder dem Notieren dessen, was man denkt und wie man sich fühlt.

Zweifellos bietet das „Bloggen" ähnliche Vorteile wie das private, ausdrucksstarke Schreiben in Bezug auf den therapeutischen Wert.

Ausdrucksstarkes Schreiben ist auch mit verbesserter Stimmung, Wohlbefinden und reduziertem Stress für diejenigen verbunden, die es regelmäßig tun, sagt Adam Grant:

"Forschungen von Laura King zeigen, dass das Schreiben über das Erreichen zukünftiger Ziele und Träume die Menschen glücklicher und gesünder machen kann.... Und Jane Dutton und ich fanden heraus, dass, wenn Leute, die anstrengende Fundraising-Jobs machen, für ein paar Tage ein Journal darüber führen, was bei ihrer Arbeit einen Unterschied macht, dann erhöhen sie ihre stündliche Leistung um 29% in den nächsten zwei Wochen."

Klar schreiben und kommunizieren

Faulheit im Umgang mit Worten schafft Schwierigkeiten Gefühle zu beschreiben, Erfahrungen auszutauschen und mit anderen zu kommunizieren.

Es kann sehr frustrierend sein, nur Schreiben zu können, wenn der Kopf voll von Gedanken ist.

Glücklicherweise scheint regelmäßiges Schreiben eine gewisse Erleichterung zu bringen.

Sowohl in der emotionalen Intelligenz als auch in schwierigen Naturwissenschaften wie der Mathematik hat sich gezeigt, dass Schreiben den Menschen hilft, hochkomplexe Ideen effektiver zu kommunizieren.

Schreiben und Umgang mit schwierigen Zeiten

In einer Studie, die sich mit Ingenieuren beschäftigte, die kürzlich ihren Job verloren haben, fanden die Forscher heraus, dass diejenigen Ingenieure, die sich konsequent mit ausdrucksstarkem Schreiben beschäftigten, schneller einen anderen Job finden konnten.

Adam Grant ist ein amerikanischer Psychologe und Autor, der derzeit Professor an der Wharton School der University of Pennsylvanias ist und sich auf Organisationspsychologie spezialisiert hat.

Er sagt:*"Die Ingenieure, die ihre Gedanken und Gefühle über den Verlust ihres Arbeitsplatzes aufschrieben, berichteten, dass sie weniger Wut und Feindseligkeit gegenüber ihrem früheren Arbeitgeber empfanden. Sie berichteten auch, dass sie weniger tranken. Acht Monate später waren weniger als 19% der Ingenieure in den Kontrollgruppen wieder vollzeitbeschäftigt, verglichen mit mehr als 52% der Ingenieure in der expressiven Schreibgruppe."*

Laut einer älteren Studie hat das Schreiben über traumatische Ereignisse die Teilnehmer depressiver gemacht, allerdings innerhalb eines Zeitraums von etwa 6 Monate nach dem Schockerlebnis.

Ein Teilnehmer einer anderen Studie bemerkte: "Obwohl ich mit niemandem darüber sprach, was ich schrieb, war ich endlich in der Lage, damit umzugehen, den Schmerz zu verarbeiten, anstatt zu versuchen, ihn auszublenden. Jetzt tut es nicht mehr weh, darüber nachzudenken."

Es scheint, dass das Timing entscheidend dafür ist, dass expressives Schreiben Wirkung zeigt.

Den Prozess zu erzwingen, kann die Dinge nur verschlechtern, aber wenn das Schreiben eine Aktivität ist, die sich auf natürliche Weise entfaltet, scheinen die Vorteile klar zu sein

Schreiben und Dankbarkeit

Wie die Autoren einer Studie feststellten, waren Personen, die einmal pro Woche über die guten Dinge in ihrem Leben nachdachten, positiver und motivierter in Bezug auf ihre aktuelle Situation und ihre Zukunft.

Durch tägliches Schreiben ist allerdings der Nutzen minimal. Das macht Sinn; jede Aktivität kann sich unaufrichtig und einfach nur langweilig anfühlen, wenn sie zu oft gemacht wird.

Es scheint so, als ob der Schlüssel darin besteht, regelmäßig über Dankbarkeit nachzudenken und zu schreiben, aber nicht zu oft.

Das Schreiben und Ihre "mentalen Fenster"

Haben Sie jemals zu viele Internet-Tabs auf einmal geöffnet?

Es ist ein Irrenhaus der Ablenkung.

Wenn ich das Gefühl habe, dass mein Gehirn zu viele Fenster auf einmal geöffnet hat, ist das oft das Ergebnis des Versuchs, zu viele Gedanken gleichzeitig zu jonglieren.

Das Schreiben gibt Ihren Gedanken Form und holt sie aus dem Kopf, gibt Gehirnkapazitäten frei und verhindert, dass Sie Ihren Browser zum Absturz bringen.

Ich persönlich habe eine Idee nie als archiviert und abgearbeitet betrachtet, nur weil ich diese notiert oder skizziert habe - in der Tat bin ich eher bereit, diese Idee weiterzuentwickeln, da sie bereits begonnen wurde.

Wenn alles andere scheitert, erinnere dich an diesen Witz von Mitch Hedberg: "*Ich sitze nachts in meinem Hotel, denke an etwas Lustiges, dann hole ich mir einen Stift und schreibe es auf. Oder wenn der Stift zu weit weg ist, muss ich mich selbst davon überzeugen, dass das, was ich dachte, nicht lustig ist.*"

Schreiben und Lernen

Informationen bleiben oft besser hängen, wenn sie in eigenen Worten gelehrt und neu geschrieben werden müssen.

Dieses Konzept, ein "Autorenohr" zu haben, passte nie ganz zu mir, bis ich anfing, regelmäßig zu schreiben.

Es ist eine gewisse Disziplin erforderlich, um eine interessante schriftliche Arbeit zu schaffen, die den Einzelnen berührt und sich darauf konzentriert, neue Quellen der Information, Inspiration und Einsicht zu finden.

ch habe Bücher gelesen, Podcasts/Radio gehört und Videos gesehen, um etwas Neues zu lernen, damit ich später darüber schreiben kann.

Einfach nur gute Ideen zu haben, fördert tieferes Denken, Forschen und "das Kaninchenloch hinuntergehen", um eine einzigartige Sichtweisen auf Themen zu finden, die Ihnen wichtig sind.

Die Verpflichtung zur Schaffung einer Arbeitsleistung ermöglicht es Ihnen auch, große Ideen effektiver anzugehen.

Das Schreiben über ein bestimmtes Thema für eine gewisse Zeit erlaubt es Ihnen, ältere Gedanken zu verarbeiten, um das, was Sie bereits geschrieben haben, zu nutzen und Ideen in größerem Maßstab zu entwickeln.

Ich bin überzeugt, dass viele Autoren mit einem Absatz begonnen haben, der von einem Essay über eine Reihe von Artikeln bis hin zu einem Buch führte.

Das Schreiben als Motivation

Auch wenn die Welt jetzt unter der persönlichen Autorenflut ertrinkt, gibt es doch interessante Möglichkeiten, die eine "Jeder kann veröffentlichen-Welt" mit sich bringt.

Die Fähigkeit, eine Wirkung durch Worte allein zu erreichen, ist ein erstaunliches Konzept.

Die erste E-Mail in der Ihnen jemand für Ihre geleistete Arbeit dankt und Ihnen mitteilt in welcher Hinsicht diese ihm geholfen oder Ihn beeinflusst hat, kann einen kleinen „kreativen Schock" verursachen.

Es gibt ein bisschen einen kreativen Schock, wenn Ihnen zum ersten Mal jemand eine E-Mail schickt, um Ihnen für die Arbeit zu danken, die Sie geleistet haben, und um mitzuteilen, wie es ihnen geholfen oder sie beeinflusst hat.

Das positive Feedback für das Geschriebene, führt zweifellos zu Dankbarkeit und weiterer Motivation für den Autor.

Selbst angesichts der Kritik lernen Schriftsteller, sich ein dickes Fell wachsen zu lassen, wie kein anderer. Kritik, auch ungerechtfertigt, ist das Frühstück der Champions.

Machen Sie traumatische Erlebnisse zum Treibstoff für Ihr Schreiben

Stress, Traumata und unerwartete Lebensentwicklungen - wie eine Krebsdiagnose, ein Autounfall oder eine Entlassung - können Menschen emotional und mental aus dem Konzept bringen.

Das Schreiben über Gedanken und Gefühle, die sich aus einer traumatischen oder stressigen Lebenserfahrung ergeben - expressives Schreiben genannt - kann manchen Menschen helfen, mit den emotionalen Auswirkungen solcher Ereignisse fertig zu werden.

Aber es ist kein Allheilmittel, und es wird nicht für alle funktionieren.

Überprüfung der Theorie

Dr. James W. Pennebaker, derzeit Vorsitzender der psychologischen Abteilung an der University of Texas, Austin, hat einen Großteil der Forschung über die gesundheitlichen Vorteile des expressiven Schreibens durchgeführt.

In einer frühen Studie bat Dr. Pennebaker 46 gesunde Studenten, an vier aufeinander folgenden Tagen 15 Minuten lang entweder über persönlich traumatische Lebensereignisse oder unwichtige Themen zu schreiben.

Sechs Monate nach dem Experiment besuchten die Studenten, die über traumatische Ereignisse schrieben, das Gesundheitszentrum am Campus weniger häufig und benutzten weniger Schmerzmittel als diejenigen, die über unbedeutende Dinge schrieben.

Die meisten Studien haben die Auswirkung des ausdrucksvollen Schreibens auf Leute mit körperlichen Gesundheitsproblemen wie Schlafapnoe, Asthma, Migränekopfschmerzen, rheumatoide Arthritis, HIV und Krebs ausgewertet.

Ebenso sind die meisten der gemessenen Ergebnisse körperlich. Die Ergebnisse - wie Blutdruck und Herzfrequenz - deuten darauf hin, dass expressives Schreiben die Menschen zunächst stresst, ihnen aber schließlich hilft, sich zu entspannen.

In jüngerer Zeit haben Forscher evaluiert, ob expressives Schreiben hilft, Stress und Ängste abzubauen.

Eine Studie ergab, dass diese Technik den Stress bei homosexuellen Männern reduziert.

Eine weitere Studie fand heraus, dass Schreiben auch chronisch gestressten Altenpflegern durchaus hilft. Und eine Studie von Forschern der University of Chicago ergab, dass ängstliche Testteilnehmer, die kurz über ihre Gedanken und Gefühle schrieben, bevor sie eine wichtige Prüfung ablegten, bessere Noten erhielten als diejenigen, die es nicht taten.

Das übliche Verfahren besteht darin, jeden Tag für einen bestimmten Zeitraum über ein besonders belastendes oder traumatisches Erlebnis zu schreiben. Die Teilnehmer schreiben in der Regel nonstop, während sie ihre innersten Gedanken und Gefühle ohne Hemmungen erforschen (aus diesem Grund bleibt das Geschriebene vertraulich).

Sie können die Übung auch nutzen, um zu verstehen, wie das traumatische Ereignis in Verbindung zu Erinnerungen an weitere Erlebnisse steht.

Warum Schreiben helfen kann

Als Dr. Pennebaker und andere Forscher begannen, sich mit expressivem Schreiben zu beschäftigen, war die vorherrschende Theorie, dass es Menschen helfen könnte, emotionale Hemmungen zu überwinden.

Nach dieser Theorie könnten Menschen, die ihre traumatischen Erfahrungen und Emotionen unterdrückt haben, lernen, sich über dieses Erlebnis hinaus zu bewegen, wenn sie ihre Emotionen darüber zum Ausdruck gebracht haben.

Aber ganz so einfach ist es nicht – mehrere Mechanismen liegen den Vorteilen des expressiven Schreibens zu Grunde. Die Anstrengung, über ein Erlebnis nachzudenken und Emotionen auszudrücken, scheint wichtig zu sein. Auf diese Weise hilft das Schreiben, Gedanken zu organisieren und einem traumatischen Ereignis einen Sinn zu geben.

Auch kann der Prozess des Schreibens Ihnen helfen, Ihre Emotionen besser zu kontrollieren und regulieren.

Es ist auch möglich, dass das Schreiben einen intellektuellen Prozess fördert - die Anstrengung des Konstruierens einer Geschichte über ein traumatisches Ereignis kann dabei helfen, sich selbst von Vorwürfen und Grübeleien zu befreien.

Es ist jedoch unbedingt zu unterlassen über die traumatischen Erlebnisse die zuvor aufgeschrieben wurden, zu reden. Dies verhindert ein erneutes „reinkippen" oder retraumatisieren durch die sehr emotional geladene Situation.

Auch das Timing ist wichtig. Einige Studien haben herausgefunden, dass Menschen, die über ein traumatisches Ereignis unmittelbar nach dessen Auftreten schreiben, sich nach ausdrucksstarkem Schreiben tatsächlich schlechter fühlen, möglicherweise weil sie noch nicht bereit sind, sich ihm zu stellen.

Daher rät Dr. Pennebaker Ärzten und Patienten, mindestens ein bis zwei Monate nach einem traumatischen Ereignis zu warten, bevor sie diese Technik ausprobieren.

Auch angesichts dieser Vorbehalte bleibt das ausdrucksstarke Schreiben eine sehr einfache und kostengünstige Technik – vergleichbar mit einem ausgiebigen Spaziergang – und lohnt den Versuch.

Allgemeine Tipps & Hinweise zum täglichen 10-Minuten-Schreiben

Schreiben erfordert Engagement, Selbstdisziplin und Lust. Lassen Sie nicht zu, dass andere Ablenkungen Ihren Schreibzielen im Wege stehen - nehmen Sie sich jeden Tag Zeit zum Schreiben.

Wenn Sie versucht sind, eine Ausrede zu finden, warum Sie heute nicht schreiben können, hören Sie auf. Nur Sie können den Rest des Kapitels, an dem Sie arbeiten, schreiben oder Ihren Termin einhalten.

Erinnern Sie sich daran, warum Sie leidenschaftlich gerne schreiben. Schauen Sie sich diese 10 Tipps über Schreibmotivation mit dem Titel "Writer with a Day Job" von Aine Greaney an.

Verabrede dich mit dir selbst. Ja, ich weiß, Ihr Terminkalender ist überfüllt. Aber Sie verdienen ein Rendezvous mit sich selbst.

Wir schulden uns eine kreative, sinnvolle Zeit in unserem Leben. Also machen Sie ein Date mit sich selbst und gehen Sie auch hin. Oh, und tauchen Sie pünktlich auf.

Rechte Gehirnhälfte. Richtige Zeit. Gibt es eine Tageszeit, in der Sie von Natur aus launischer sind? Eine Zeit in der Sie mehr im Einklang mit sich selbst sind?

Früh morgens? Spät in der Nacht?

Gleich nach deinem Morgen-Yoga?

Unmittelbar nach der Runde Joggen am Mittag?

Auf der Tribüne, während Sie Ihrem Sohn beim Hockeytraining zusehen.

Wenn es eine Zeit gibt, in der Sie glauben, dass das Schreiben leichter fällt, dann machen Sie dies zu Ihrer täglichen Schreibzeit.

Ein sauberer, heller Ort: Es muss kein maßgeschneidertes Künstleratelier mit Meerblick sein. Aber Ihr täglicher Ort zum Schreiben muss sich behaglich und glücklich anfühlen.

Selbst wenn es nur ein Tisch in der Ecke Ihres gemeinsamen Schlafzimmers ist, sollte dieser Platz Ihnen das Gefühl der Sicherheit geben – das Gefühl, dass Sie an diesem Platz ganz Sie selbst sein können.

Stellen Sie wenigstens sicher, dass Ihr Schreibplatz frei von negativen Assoziationen oder Erinnerungen ist.

Erzählen Sie es Ihrer Familie oder Ihren Freunden. Sie können und möchten vielleicht ein Mystery-Autor sein, aber Sie müssen kein Mystery-Autor sein.

Weil es eine neue, überraschende Seite an Ihnen ist, weil es eine neue Person ist, die Ihrer Familie vielleicht noch nie begegnet ist, scheuen Sie sich vielleicht, Ihrer Familie zu sagen: "Ich habe angefangen zu schreiben".

Ganz einfach, es kann Ihnen das Gefühl geben, verwundbar zu sein.

Oder Sie können glauben, dass eine Art Erwartung für einen Bestseller oder riesige Fortschritte an Sie gestellt wird, oder dass Sie anfangen werden, mit sich selbst zu reden.

Oder Sie befürchten, dass Ihre Freunde und Familie dies als Zeit sehen, in der Sie weg von ihnen, oder eine Reihe von gemiedenen Haushaltspflichten sind, bei denen man Ihnen unterstellt, dass Sie sich davor drücken wollen.

Ein Schreibleben zu beginnen bedeutet, andere Dinge zu opfern oder zu kürzen, einschließlich Ihres sozialen Lebens.

Aber teilen Sie Ihren Schreibtraum mit Ihrer Familie, Freunden oder Mitbewohnern.

Ein echter Freund wird Sie unterstützen. Ein falscher Freund wird lachen, Sie necken, herablassen oder versuchen, Sie zu entmutigen.

Oder schlimmer noch, diese Freunde oder Familie machen Sie für viele Probleme verantwortlich (z.B. "aber was ist mit unserem Donnerstagabend-Film?").

Glauben Sie mir, jeder Autor braucht eine, zwei oder drei Personen.

Auch die Umgestaltung Ihres Zeitplans, um etwas Zeit zum Schreiben zu finden, erfordert die Unterstützung und Mitarbeit der anderen Menschen in Ihrem Haushalt.

Dieselbe Zeit. Am selben Ort. Richten Sie einen Ort ein, an dem Sie gut Schreiben können. Indem Sie zu der gleichen Stelle mit der gleichen Aussicht, den gleichen Gerüchen und dem gleichen Gefühl gehen. Geben Sie sich selbst einige sinnliche und räumliche Anforderungen, um mit dem Schreiben zu beginnen.

Ja, wir sind pawlowsche Geschöpfe, und das gilt besonders für das Schreiben.

"Oh richtig", denken Sie, während Sie in diesem Plastiksitz an deinem üblichen Fenster bei McDonald's sitzen. "Ich bin hier. Also muss es Zeit zum Schreiben sein."

Schalten Sie die gesamte elektronische Kommunikation aus. Nehmen Sie dies als Fakt: E-Mail, iPhones, Blackberry, SMS und andere elektronische Nachrichtensysteme sind die Feinde des Schreibens. Erstens, die ganze Zeit, die Sie mit dem Lesen und Antworten auf Nachrichten verbracht haben, frisst Ihre kostbare Schreibzeit auf.

Und zweitens lenken diese Piepser, Pings und E-Mails Sie in einen völlig anderen mentalen Ort ab - einen Ort weit weg von Ihrem Schreibverstand.

Wie schwer es auch ist, schalten Sie alle Geräte die Sie ablenken könnten aus.

Alle diese Nachrichten werden noch da sein, wenn Ihre Schreibzeit vorbei ist.

Nackt schreiben: Sprich ein Gebet zu den schreibenden Göttern.

Entwickeln Sie ein Prewriting-Ritual, das für Sie funktioniert - auch wenn es bedeutet, einen Panama-Hut zu tragen oder nackt zu schreiben (nicht bei McDonald's, bitte!).

Legen Sie eine tägliche Quote oder Wortanzahl fest. Wenn Sie sich diesen Kalender oder Tagesplaner ansehen, können Sie automatisch eine halbe Stunde, fünfzehn Minuten oder eine Stunde schreiben.

Dies funktioniert im Hinblick auf das Finden und Zuordnen einer regelmäßigen Schreibzeit. Aber wenn ich ein neues Projekt oder einen ersten Entwurf beginne, funktioniert das bei mir nie. Es ist schlicht und einfach zu simpel zu sagen: "Ich war heute eine halbe Stunde am Schreibtisch."

Aber diese halbe Stunde zählt nicht, wenn die Hälfte der Zeit damit verbracht wurde, die Online-Schlagzeilen zu überprüfen oder einfach nur auf den Bildschirm zu schauen. Lassen Sie dem Schreiben freien Lauf. Legen Sie eine Wortquote fest.

Lobpreis! Halleluja! Führen Sie einen kleinen Kalender oder öffnen Sie am Ende Ihrer Schreibsitzung Ihren Online-Kalender bzw. Ihre Online-To-Do-Listen, um die heutige

Wortanzahl aufzuzeichnen.

Es dient als Zeiterfassung und Belohnungssystem, um sich selbst für Ihre ausgezeichnete Disziplin zu loben.

Erlauben Sie sich, schlecht zu schreiben: Zumindest für die ersten Entwürfe muss man „einfach" schreiben.

Wenn Sie nicht aufhören zu urteilen, zu bearbeiten, zu löschen und neu zu schreiben, werden Sie Ihre ganze Zeit damit verbringen, Leser oder Kritiker zu spielen, nicht aber Schriftsteller.

Vertrauen Sie mir, Sie und Ihre Arbeit werden später genug Kritiker haben, wenn Sie Ihren endgültigen Entwurf fertigstellen und ihn für den öffentlichen Verzehr freigeben.

Aber für den Moment, für diese frühen Entwürfe, seien Sie vorsichtig mit sich selbst.

Ich liebe das Schreiben.

Und vor allem: Vertrauen Sie auf sich selbst und auf Ihren persönlichen Weg!

9 781717 971005